ANSELM GRÜN

Was WILL ICH?

Taschen-seminar
zum Nachdenken und Weiter-wachsen

Vier-Türme-Verlag

»Leben und Tod
lege ich dir vor,
Segen und Fluch.
Wähle also das Leben,
damit du lebst.«

Deuteronomium 30,19

Liebe Leserin, lieber Leser,
Bei Seminaren für Führungskräfte fragen mich die Teilnehmer in der Gesprächsrunde oft, wie sie lernen können, gute Entscheidungen zu treffen. Viele von ihnen haben den Eindruck, dass sie ständig unter Druck stehen, etwas entscheiden zu müssen. Dieser Druck überfordert sie und kostet Energie.
Das Thema »Entscheidung« bezieht sich aber nicht nur auf die konkreten Planungen, die wir im Beruf oder auf unserem Lebensweg zu treffen haben. Jeden Augenblick unseres Alltags sollen wir uns entscheiden, entweder Opfer zu sein oder unser Leben selbst zu gestalten. Wir können uns für das Jammern oder für das Ändern, für den Ärger oder für innere Gelassenheit, für das Unglück oder Glück entscheiden.
Viele Bücher, die heute im Bereich Lebenshilfe erscheinen, erwecken den Eindruck, dass wir alles in unserer Hand haben können, dass wir uns durch unsere Entscheidungen für gute Gedanken und Gefühle gleichsam selbst erschaffen dürfen. Das ist übertrieben. Und doch steckt in dieser Sicht ein Körnchen Wahrheit: Wir sind verantwortlich, mit welchen Gedanken oder Gefühlen wir auf das reagieren, was uns widerfährt.
In unserer Hand liegt die Entscheidung für oder gegen das Leben. So hat schon Gott den Israeliten vor die Entscheidung zwischen Leben und Tod gestellt:

»Leben und Tod lege ich dir vor, Segen und Fluch. Wähle also das Leben, damit du lebst« (*Deuteronomium 30,19*). Die Wahl des Lebens ist nicht nur eine grundsätzliche Entscheidung, die wir einmal zu treffen haben. Vielmehr sind wir ständig herausgefordert, uns jetzt in diesem Augenblick für das Leben zu entscheiden.

Ich wünsche dir und hoffe, dass du, liebe Leserin und lieber Leser, auch für dich und deine Entscheidungen in diesem Buch Anregungen findest, die dir ganz konkret weiterhelfen. Dazu möchte ich dir ein paar wichtige Fragen stellen, und wenn du magst, ist hier viel Platz, um sie für dich zu beantworten. Ich möchte dir auch ein paar Impulse mit auf den Weg geben – du kannst sie mit in deinen Tag nehmen oder sie als Aufhänger nutzen, um darüber mit einem anderen Menschen ins Gespräch zu kommen. Und schließlich würde ich mich freuen, wenn meine Anregungen und Fragen dazu führen, dass du einfach weiterdenkst und deine ganz eigenen Lösungen und Antworten findest, die genau auf dein Leben passen. Wenn du magst, kannst du auch diese hier eintragen. Dann kann dir das Buch vielleicht zu einem wichtigen Wegbegleiter werden, in das du immer wieder gerne hineinschaust, das du ergänzt und weiterschreibst, bis es ganz zu deinem Buch geworden ist.

Herzlichst, dein

P. Anselm Grün

MENSCH SEIN HEISST, SICH ENTSCHEIDEN ZU MÜSSEN

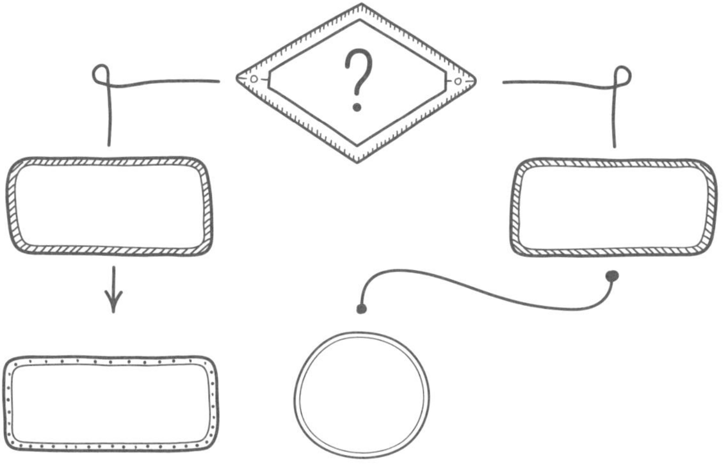

Gegenüber der griechischen Philosophie, in der der einzelne Mensch nur ein Exemplar der Gattung Mensch ist, hat die jüdische und christliche Tradition immer die Einmaligkeit jedes einzelnen Menschen und seine Geschichtlichkeit betont. Beim Nachdenken über die Geschichtlichkeit des Menschen kam der Entscheidung eine wichtige Bedeutung zu. Durch sie formt der Mensch seine einmalige geschichtliche Existenz. Doch er entscheidet nicht nur über sich in seiner Geschichte, sondern auch die Geschichte: Er prägt sie mit seinen Entscheidungen. Der Mensch ist nicht einfach nur vorhanden, er muss vielmehr erst werden, was er sein will. Er bestimmt in gewisser Weise durch seine Entscheidungen sein Sein. Er schafft durch die Entscheidungen, die er im Lauf seines Lebens trifft, seine geschichtlich-einmalige Existenz.

In seiner Entscheidung legt sich der Mensch fest und gerät so in eine gewisse Enge. Er muss von vielen Möglichkeiten Abschied nehmen. So gestaltet er seine persönliche Geschichte. Mit diesen Gedanken tut sich der heutige Mensch schwer. Denn er möchte sich am liebsten alle Türen offenhalten. Aber wer sich nicht entscheidet und nicht bereit ist, sich an seine Entscheidungen zu binden, bleibt formlos. Er entwickelt sich nicht.

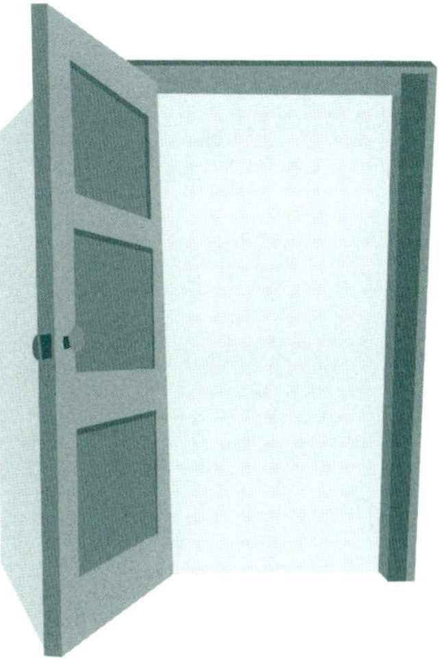

Oft fällt es uns schon im Kleinen schwer, uns festzulegen, weil wir damit die übrigen Möglichkeiten unmöglich machen. Überlege einmal, wenn du deine Woche, dein Wochenende planst:

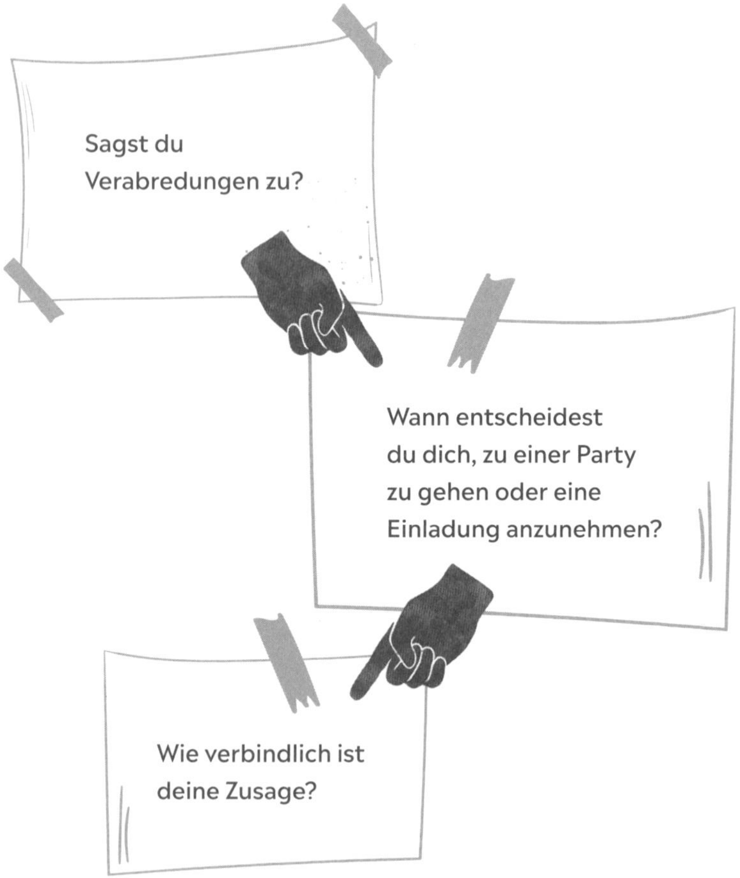

Fällt es dir schwer, eine Verabredung zuzusagen? Was ist der Grund dafür, wenn du einmal ehrlich zu dir selbst bist?

In der Regel fällt es mir nicht schwer, Verabredungen zuzusagen

- [ ] Ich habe Angst, an anderer Stelle etwas zu verpassen, wenn ich etwas zusage.
- [x] Ich befürchte, dass es mir an diesem Tag doch zu viel werden könnte, dann müsste ich wieder absagen. Das möchte ich vermeiden.
- [ ] Ich habe das Gefühl, es könnte vielleicht noch etwas Besseres kommen.
- [ ] Ich habe so viele Termine, dass ich nicht noch mehr verplante Zeit im Kalender haben möchte.
- [ ] Ich habe so viele lose Freundschaften, dass ich einfach nicht alle Verabredungen einhalten kann.
- [ ] Ich denke, meinen Freunden ist eine Zusage gar nicht so wichtig, sie selbst sehen eine Verabredung auch eher als ein offenes Angebot, das nicht unbedingt verbindlich ist.

Sich zu entscheiden, beginnt schon beim Aufstehen. Wenn der Wecker schellt, kann ich sofort aufstehen oder noch länger liegen bleiben. Es braucht einen inneren Ruck, um sofort aufzustehen. Dann muss ich mich entscheiden, was ich anziehe. Unser Alltag ist immer geprägt durch ein Ineinander von Gewohnheit und Entscheidung. Wenn der Alltag nur Gewohnheit wird, wird er allmählich leer. Wenn er nur aus Entscheidungen besteht, wird er anstrengend. Es braucht immer beides: die gewohnheitsmäßigen Abläufe, die Energie sparen, und die Entscheidungen, die ich ständig zu treffen habe.

Hast du in deinem Alltag das Gefühl, dass die Balance zwischen Gewohnheit und Entscheidung stimmt?

Gibt es Bereiche, wo du deinen Alltag durch feste Gewohnheiten entlasten und einfacher machen könntest?

Gibt es Bereiche, wo du dich durch Gewohnheiten eingeengt fühlst und in die du wieder mehr Spontanität und damit auch mehr Entscheidungen für den jeweiligen Moment bringen möchtest?

Hier ist Platz für deine Notizen

Es gibt aber auch Entscheidungen, die kann man nicht einfach aus dem Bauch heraus treffen. Bei Lebensentscheidungen geht es zum Beispiel um die Festlegung für die Zukunft. Es ist ein großer Unterschied, ob ich mich für die Ehe oder für einen ehelosen Weg entscheide. Meine Zukunft hängt davon ab, ob ich mich für die Partnerschaft mit diesem Freund oder dieser Freundin entscheide oder ob ich die Beziehung löse und einen anderen Weg suche. Und es ist eine Lebensentscheidung, ob ich für einige Jahre ins Ausland gehe, um dort zu arbeiten oder Entwicklungshilfe zu leisten, ob ich dieses oder jenes Studium aufnehme und mich beruflich in diese oder jene Richtung orientiere. Solche Entscheidungen brauchen Zeit.

Wir sollen uns die Frage reiflich überlegen und uns mit anderen besprechen, aber nie den anderen fragen: Wie würdest du dich entscheiden? Wir sollen uns eher vom anderen fragen lassen, warum wir uns so oder so entscheiden wollen. Der andere konfrontiert uns mit unseren Motiven. Er fragt uns, von welchen Motiven wir uns bewegen lassen, wenn wir uns zum Beispiel für oder gegen eine Partnerschaft entscheiden. Im eigenen Nachdenken kommen wir oft nicht weiter. Wir brauchen jemanden, der uns den Spiegel vorhält, damit wir unsere eigenen Motive und Gedanken besser beurteilen können.

Gibt es jemanden in deinem Umfeld, der dein »Spiegel« sein könnte, mit dem du über dich und deine Beweggründe reden könntest?

Wichtig ist, dass du dir jemanden suchst, dem du vertraust, dem du dich öffnen kannst, der sich aber andererseits auch traut, dir Wahrheiten zu sagen, die du vielleicht nicht hören willst oder die nicht ganz leicht zu verdauen oder anzunehmen sind.

Der nächste Schritt wäre, die Motive anzuschauen: Warum will ich ins Ausland gehen? Warum will ich mich für diesen Beruf oder für jene Stelle entscheiden? Ist es der Ehrgeiz, der mich nach vorne treibt? Oder ist es ein inneres Muss? Ist es der Reiz des Neuen, ist es Abenteuerlust? All diese Motive dürfen sein. Wir sollen nie denken, dass wir nur reine Motive haben. Unsere Motive sind immer vermischt. Bei all diesen Motiven wäre es gut, sich zu fragen, was mein Hauptmotiv ist und ob dieses Motiv wirklich trägt.

Nun versuche einmal, dein eigener Spiegel zu sein und dir ehrlich zu sagen, was die Motive für deine Entscheidung sind. Versuche, dir nichts vorzumachen, keine Gründe vorzuschieben, sondern ungeschminkt ehrlich zu dir zu sein. Nur so kannst du eine Entscheidung treffen, hinter der du am Ende auch stehen kannst. Hier ist Platz, um deine Gründe aufzuschreiben.

Irgendwann kommt der Augenblick, in dem wir eine Entscheidung treffen müssen. Es braucht einen Sprung in das Vertrauen, dass diese Entscheidung uns weiterführt. Ob die Folgen uns immer glücklich machen, ist nicht entscheidend. Entscheidend ist, ob wir darauf vertrauen, dass wir auf diesem Weg innerlich weiterkommen, dass dieser Weg ein Weg der Verwandlung ist, auf dem wir immer mehr in unsere eigene Wahrheit gelangen, in die einmalige und ursprüngliche Gestalt hinein, die Gott sich von uns gemacht hat.

ENTSCHEIDUNG UND VERANTWORTUNG

In uns ist eine Instanz, die all das zusammensieht, was wir bei einer Entscheidung bedenken sollen. Das Gewissen führt uns zu der inneren Instanz, aus der heraus wir jede Entscheidung treffen sollen. Im Gewissen wissen wir um die innere Wahrheit, der wir bei jeder Entscheidung gerecht werden sollen. Ich darf bei allem meinem Gewissen trauen.

Allerdings darf ich es nicht mit meiner Meinung oder meiner Lust verwechseln.

Ich darf nicht jede Entscheidung, die ich aus einer Laune oder einem persönlichen Bedürfnis heraus treffe, sofort als Gewissensentscheidung deklarieren.

Im Gewissen wissen wir um die anderen Menschen, die wir mit unserer Entscheidung berühren. Das Gewissen bewahrt uns davor, Entscheidungen zu treffen, die den anderen schaden. Im Gewissen sind wir immer schon mit den Menschen verbunden, für die wir in unserem Tun Verantwortung übernehmen.

Sobald ich mich entschieden habe, etwas zu tun, habe ich auch die Verantwortung dafür zu tragen. Und die Verantwortung betrifft nicht nur meine Entscheidung an sich, sondern immer auch die Folgen meiner Entscheidung. Wir übernehmen die Verantwortung für den Augenblick, aber auch für die Zukunft. Wir schaffen einen Raum, in dem etwas wachsen kann. Wir übernehmen die Verantwortung für uns selbst, für unseren Leib und unsere Seele, und wir übernehmen auch die Verantwortung für die Menschen um uns herum.

Viele Menschen tun sich schwer, sich zu entscheiden, weil sie Angst vor den Folgen ihrer Entscheidung haben. Sie haben Angst, mit ihrer Entscheidung die Verantwortung für etwas zu übernehmen, das sie nicht voraussehen. Aus ihrer Entscheidung könnte ja für sie selbst und für ihre Umwelt Schaden erwachsen. So entscheiden sie lieber nicht. Natürlich gibt es Dinge, die man lieber wachsen lässt, ohne dass wir etwas entscheiden müssen. Aber in vielen Bereichen lähmt die Nichtentscheidung das Wachstum, sowohl das persönliche Wachsen als auch das einer Gemeinschaft, einer Firma oder das einer Gesellschaft.

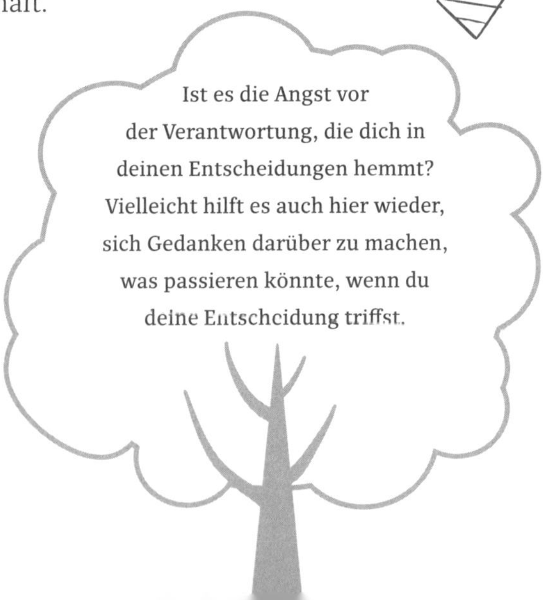

Schreibe in den Baum, der »**nach unten wächst**«, das, was deiner Ansicht nach im schlimmsten Fall passieren könnte, wenn du deine Entscheidung triffst. Was müsstest du verantworten, zu welchen negativen Auswirkungen müsstest du stehen?

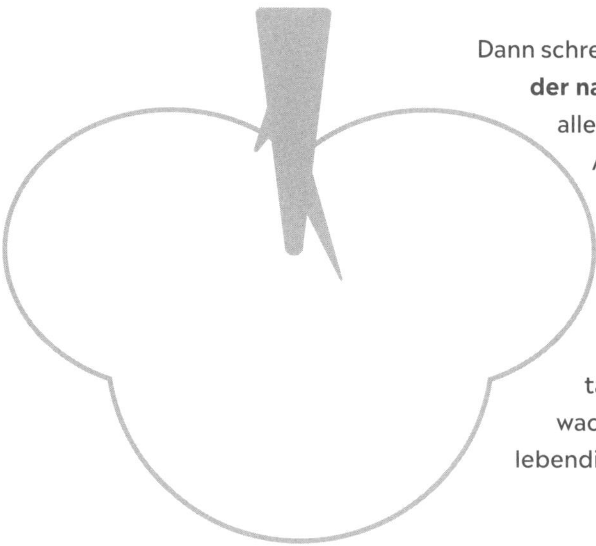

Dann schreibe in den Baum, **der nach oben wächst**, alles, was sich deiner Ansicht nach zum Guten verändern könnte durch deine Entscheidung. Was könnte tatsächlich daraus wachsen, was könnte lebendig werden, Frucht bringen?

Anschließend kannst du für dich abwägen, ob du bereit bist, diese Verantwortung zu übernehmen und im schlimmsten Fall für das einzustehen, was deine Entscheidung nach sich zieht.

Berücksichtige dabei, dass du schon vorab manches Risiko oder manche negative Auswirkung mit den Menschen absprechen kannst, die davon betroffen sind. Vielleicht sind sie bereit, diese Auswirkungen in Kauf zu nehmen, weil sie trotz allem wichtig finden, dass du deine Entscheidung so triffst, wie du es für richtig hältst?

Das könnte dir helfen, die Last auf deinen Schultern zu verkleinern. Dann tragen die anderen freiwillig ihre »kleinen Rucksäcke«, damit deiner nicht ganz so schwer wird auf dem Weg.

Allerdings hat diese Verantwortung eine Grenze. Wir sind nur verantwortlich für unsere Entscheidung. Aber wie die Menschen sich um uns herum auf unser Handeln hin entscheiden, das ist ihre Verantwortung. Gerade hier ist es wichtig, die Verantwortung für den anderen zu übernehmen, ohne sich allverantwortlich zu fühlen.

Wo fordert meine Verantwortung für den anderen dessen eigene Verantwortung heraus?

Wo muss ich ihn seiner Verantwortung überlassen?

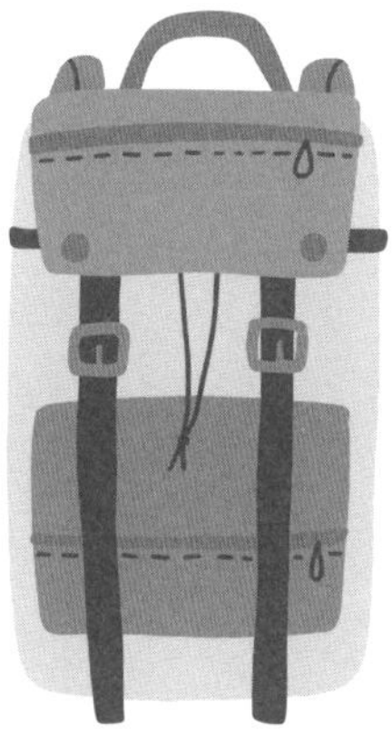

Hier ist Platz für deine Notizen

»Ein Gedanke, der einmal geäußert wurde, kann nicht mehr rückgängig gemacht werden.«

Albert Einstein

Alles, was wir tun, hat Auswirkungen auf die Welt. Jeder Gedanke, den wir äußern, wirkt sich auf die Welt aus. Er entfaltet seine Wirkung in den Köpfen der Menschen und schließlich in der Gesellschaft. Verantwortung heißt, dass wir mit unseren Entscheidungen eine Wirkung erzielen für unsere Welt. Was von uns ausgeht an Gedanken, an Gefühlen, an Werken, an Ausstrahlung, das prägt unsere Umwelt mit. Es ist nicht egal, ob wir uns von aggressiven und destruktiven Gedanken bestimmen lassen oder ob wir daran arbeiten, mit uns in Einklang zu kommen.

Wir können die Gedanken nicht hindern, zu uns zu kommen. Das sagen uns schon die frühen Mönche. Aber es ist unsere Entscheidung, ob wir negativen Gedanken zu viel Raum geben. Es geht nicht darum, negative Gefühle zu verdrängen. Denn dann würde ein Leistungsdruck entstehen, als ob wir uns immer gut fühlen müssten. Trauer und Angst, Ärger und Zweifel gehören zu uns. Wir dürfen sie nicht verdrängen. Aber es ist trotzdem unsere Entscheidung, ob wir uns von negativen Gedanken und Gefühlen bestimmen lassen.

Dabei geht es nicht immer um die großen Entscheidungen im Leben, sondern oft auch um die ganz alltäglichen. Ich kann mich dazu entscheiden, wie ich einen Tag beginne oder wie ich meinen Mitmenschen begegne. Das heißt nicht, dass ich mich nicht mehr über manches ärgere oder nur noch eine rosa Brille trage. Aber ich bin dafür verantwortlich, wie ich mit meinen Stimmungen umgehe und vor allem, ob oder wie ich diese an meine Mitmenschen, meine Umwelt weitergebe.

Ein Beispiel:
Wenn jemand unfreundlich zu mir ist, kann ich genauso unfreundlich zu ihm sein. Ich kann mich aber auch dazu entscheiden, trotzdem oder gerade deswegen freundlich zu sein. Und wahrscheinlich wird sich die Atmosphäre dann zum Guten verändern.

Vielleicht fallen dir noch ein paar Beispiele aus deinem Alltag ein.

Dass wir unsere Gefühle maßgeblich beeinflussen durch die Art und Weise, wie wir über uns, unser Leben und über die anderen denken, ist für mich klar. Es liegt an uns, ob wir uns für eine positive oder negative Sichtweise entscheiden. Aber zugleich ist es wichtig, dass wir die negativen Gefühle nicht vorschnell wegwischen. Denn sie drücken ja auch eine wichtige Erfahrung aus. Sie sagen etwas über uns aus. Wir sollen die negativen Gefühle anschauen und nicht einfach durch eine Entscheidung abservieren. So leicht lassen sie sich nicht wegschicken. Ich kann sie nur loslassen, wenn ich mich mit ihnen vertraut gemacht habe, wenn ich nach meinen tiefer liegenden Bedürfnissen forsche, die sich in diesen Gefühlen ausdrücken. Nur wenn ich mich mit allem beschäftige, was in mir auftaucht, ohne es zu bewerten, kann ich negative Gedanken und Gefühle loslassen. Das ist dann eine Entscheidung für das Leben und für die Freude.

»Ich habe Gedanken, aber ich bin nicht meine Gedanken.«
Versuche einmal nach diesem Zitat alles, was in dir an Gedanken aufsteigt, einfach da sein zu lassen. Stell dir vor, du sitzt vor einem Aquarium oder bist unter Wasser und lässt die Gedanken wie bunte Fische an dir vorbeiziehen.
Vielleicht ist ein Kugelfisch dabei, der sich vor dir aufbläst, oder eine Flunder, die versucht, sich im Sand zu verstecken.

Lass sie einfach sein, ohne sie zu beurteilen. Sieh sie dir an, vielleicht kannst du dich an der Vielfalt freuen, aber versuche, sie nicht zu beurteilen. Wenn du magst, kannst du deine Gedanken hier auf die Fische schreiben.

Wir sollen immer beide Pole sehen: die Wirklichkeit, so, wie sie ist – und die Wirklichkeit, so, wie wir sie sehen. Beides müssen wir berücksichtigen. Wie wir die Wirklichkeit erleben, hängt großenteils von unserer Sichtweise ab. Aber wir können die Wirklichkeit auch nicht beliebig durch unsere Sichtweise verändern. Wir müssen uns der Realität stellen. Sonst legen wir uns ein Gedankengebäude zurecht, das mit der Realität nichts mehr zu tun hat. Das führt dann irgendwann zum Realitätsverlust. Irgendwann wachen wir dann voller Schmerzen auf und erkennen, dass wir uns etwas vorgemacht haben. Wir sind so letztlich am Leben vorbeigegangen.

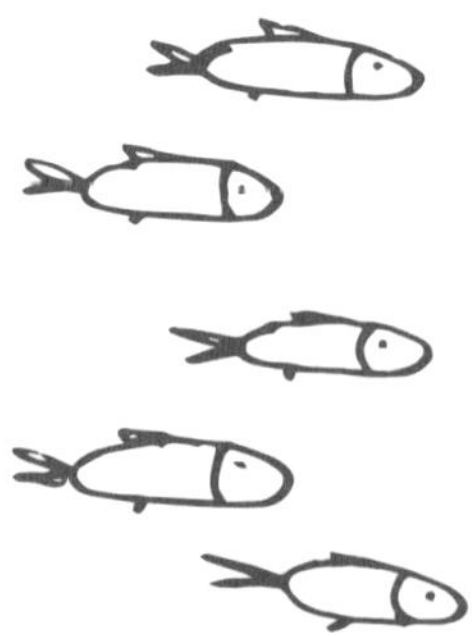

Wenn du dir deine Fische auf Seite 32 noch einmal anschaust: Was davon ist, wenn du es ehrlich prüfst, Realität und was davon ist deine Realität, die du dir zurechtgelegt hast, im guten wie im schlechten Sinn?
Schreibe in die Fische hier die Gedanken, die für deine Entscheidungen wesentlich sind, weil sie die Wirklichkeit abbilden, die du nicht ausblenden kannst.

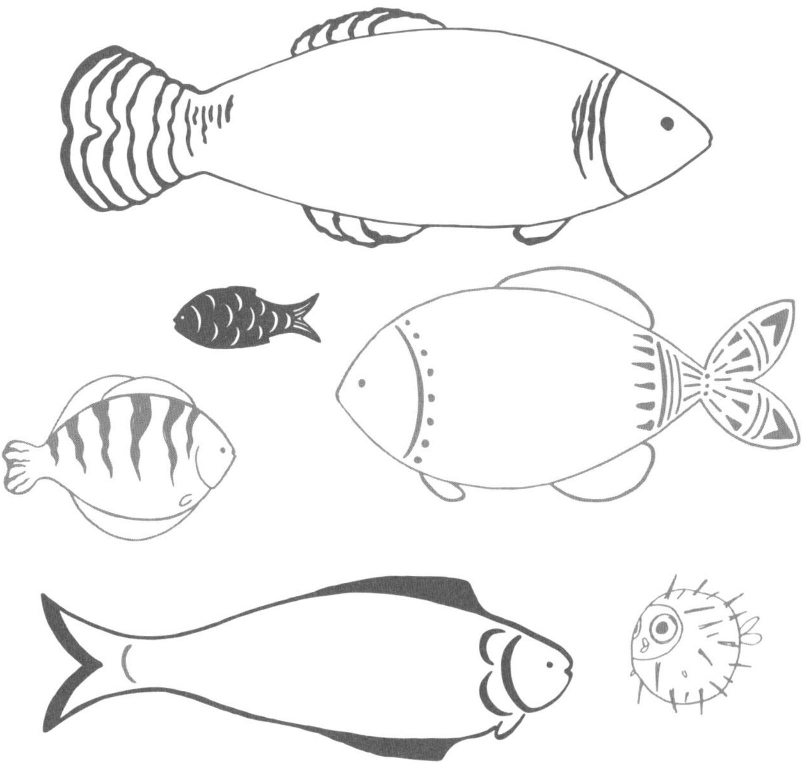

In Gesprächen erlebe ich immer wieder Menschen, die sich über ihr Leben beklagen: Alles sei so schwer. Sie fühlen sich einsam. Sie werden von anderen nicht gewürdigt. Sie haben im Beruf keinen Erfolg. Sie kommen auf der Arbeit nicht so gut an wie ihre Kollegen. Ihre Ehe ist auch nicht so, wie sie es erwartet hatten. Ich kann diesen Menschen nicht einfach sagen: Entscheide dich für das Leben. Aber wenn ich mich in diese Menschen hineinfühle, dann entdecke ich oft, dass sie ganz bestimmte Vorstellungen vom Leben haben. Und sie fühlen sich schlecht, weil diese Vorstellungen nicht eingetroffen sind: Sie sind nicht so attraktiv, wie sie sein wollten. Sie sind nicht so erfolgreich, wie sie geträumt hatten.

Ich kann mich nicht einfach entscheiden, erfolgreich zu sein oder attraktiv zu sein. Aber ich kann mich auch in so einer Situation für das Leben entscheiden. Ich entscheide mich, mich in meiner Durchschnittlichkeit anzunehmen, mich mit meinen mäßigen Erfolgen anzunehmen und mich daran zu freuen, wenn mir etwas gelingt. Ich muss Abschied nehmen von den Illusionen, die ich mir vom Leben gemacht habe. Und dann kann ich mich fragen:

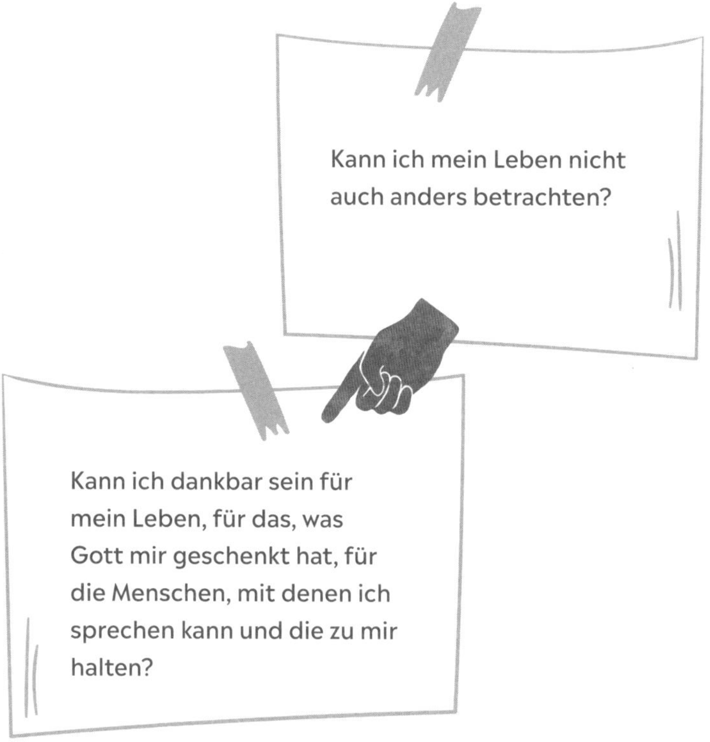

Wir können die Wirklichkeit durch unsere Entscheidungen nicht frei erschaffen. Aber wir können das, was uns vorgegeben ist, formen und gestalten. Wir sind nicht verantwortlich für die Wirklichkeit, die uns vorgegeben ist, sondern dafür, was wir daraus machen, wie wir uns zu ihr stellen und wie wir sie gestalten.

Es ist unsere Aufgabe, diese Welt menschlicher und liebevoller zu gestalten. Das hat schon der griechische Dichter Sophokles erkannt, der in seiner Tragödie »Antigone« die Menschen auf ihre Verantwortung hinweist: »Nicht mitzuhassen, mitzulieben bin ich da.«

WAS ENTSCHEIDUNGEN SO SCHWER MACHT

Im Gespräch mit Menschen, die sich mit Entscheidungen schwertun, frage ich immer, was sie hindert. Oft sagen sie dann, sie wüssten nicht, was richtig ist. Oder sie haben den Eindruck, sie könnten sich bei der großen Auswahl von Möglichkeiten nicht für einen Weg entscheiden. Denn es könnte sein, dass sich später herausstellt, ein anderer Weg wäre doch besser gewesen.

Ich treffe bei diesen Menschen auf Einstellungen, die sie daran hindern, sich zu entscheiden. Die Bilder, die sie von sich selbst haben, machen es ihnen schwer, Entscheidungen zu treffen. Daher ist es wichtig, die Bilder und Vorstellungen zu untersuchen, die hinter der Entscheidungsunfähigkeit stehen.

Manche meinen, sie müssten immer die absolut richtige Entscheidung treffen. Doch die gibt es nicht. Jede Entscheidung ist relativ. Wir können nie vorhersagen, was uns alles auf dem Weg begegnen wird, für den wir uns entscheiden. Deshalb müssen wir uns mit der Relativität unseres Lebens und unserer Entscheidungen bescheiden. Das fällt gerade jenen schwer, die perfektionistisch veranlagt sind. Perfektionisten möchten alles im Griff haben. Doch eine Entscheidung zu fällen bedeutet das Gegenteil, nämlich die Sicherheit aus der Hand zu geben, das loszulassen, was ich gerne festhalten möchte.

Kleiner »Perfektionistentest«

- [ ] Es fällt mir schwer, Dinge einfach geschehen zu lassen. Ich brauche einen Plan, das Gefühl, dass ich meine Zeit und das, was mit mir passiert, gestalten kann und selbst in der Hand habe, was ich tue und was nicht.

- [ ] Ein Tag ohne Plan? Gibt es bei mir nicht. Einfach so in den Tag hinein leben – schwer vorstellbar.

- [ ] Pläne und To-do-Listen sind wichtig für mich. Leider heißt das aber nicht, dass ich sie wirklich auch mal abhaken kann. Jede einzelne Aufgabe braucht so viel Aufmerksamkeit!

- [ ] Irgendwie habe ich nie das Gefühl, mit einer Sache fertig zu sein. Es gibt immer noch etwas, das man verbessern könnte. Und manchmal würde ich am Ende am liebsten wieder von vorne anfangen. Es könnte ja auch ganz anders gehen und noch viel besser werden!

- [ ] Wenn ich mich für ein Thema interessiere, dann muss ich wirklich alles darüber wissen. Manchmal lese ich mich dann stundenlang irgendwo fest, komme von einem Detail zum nächsten – und habe am Ende das Gefühl, noch immer bloß einen winzigen Einblick gewonnen zu haben. Das ist ganz schön frustrierend!

- [ ] Mir ist es schon wichtig, Dinge richtig zu machen und Aufgaben wirklich zu erledigen. Und ich kann manchmal einfach nicht verstehen, wie anders andere Menschen damit umgehen, dass sie Halbfertiges abliefern oder es ihnen einfach egal ist, dass es nicht die beste Version ihrer Arbeit ist, die sie abgeben.

Wenn du dich in diesen Aussagen wiederfindest, kennst du wahrscheinlich zumindest perfektionistische Tendenzen an dir. Und vielleicht macht dieser »kleine Perfektionist« dir auch die Entscheidungen so schwer.

Überlege einmal, was dir bei deinen Entscheidungen im Weg steht. Hat es vielleicht mit dem Gefühl zu tun, nur schwer loslassen zu können – eine Option, eine Aufgabe oder Arbeit, einen Menschen, ein Gegenstand?

Jeder Weg, für den ich mich entschieden habe, wird mir auch Hindernisse bereiten und mich durch Engpässe hindurchführen. Viele Menschen beginnen dann an ihrer Entscheidung zu zweifeln. Doch die Frage ist: Was ist überhaupt eine falsche Entscheidung? Wir sollen vertrauen, dass wir durch die Entscheidungen hindurch den Weg finden. Vielleicht können wir dann gerade daran reifen.

Wenn du über dein bisheriges Leben nachdenkst: Gibt es eine Entscheidung, die du aus heutiger Sicht als wirklich falsch betrachtest, bei der du denkst: Das würde ich heute ganz sicher anders machen? Wenn ja, welche?

Was hätte dir geholfen - welches Wissen, das du heute hast, welcher Mensch, welche Lebensumstände -, damals eine andere, die richtige Entscheidung zu treffen?

Gibt es auch Entscheidungen in deinem Leben, die du vielleicht immer noch als falsch empfindest, die sich aber dann in deinem weiteren Leben als goldrichtig herausgestellt haben?

Was hat sich verändert, was wurde anders, dass aus einer falschen Entscheidung schließlich die richtige werden konnte?

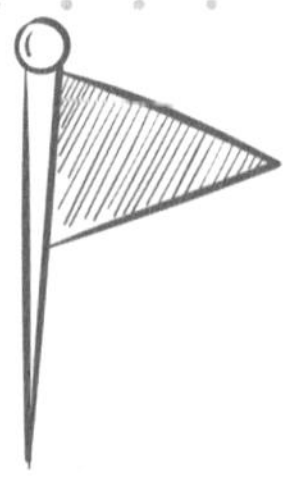

Gibt es etwas, das du aus dieser Erfahrung mitgenommen hast für deine Entscheidungssituationen heute?

Was von dieser – guten wie schlechten – Erfahrung hilft dir heute, Entscheidungen zu treffen, vielleicht sogar bessere Entscheidungen für dich zu treffen?

Ein anderes Hindernis für das Treffen von Entscheidungen ist die Vorstellung, dass ich mir alle Türen offenhalten will. Wenn ich mich für einen Weg entscheide, dann entscheide ich mich gleichzeitig gegen einen anderen. Ich öffne eine Tür, aber ich schließe auch andere Türen zu. Und mit geschlossenen Türen können manche nicht leben. Doch wenn sie alle offenlassen, stehen sie immer im Durchzug. Das tut der Seele nicht gut. Und sie kommen nie weiter. Irgendwann fallen dann die offenen Türen von selbst zu und sie stehen vor lauter verschlossenen Türen.

Hast du im Moment auch das Gefühl, dass in deiner Seele Durchzug herrscht, weil so viele Türen offenstehen? Vielleicht hilft es dir, die Türen einmal mit den Möglichkeiten zu beschriften, die sich dahinter verbergen. Und dann zu überlegen, welche du gerne schließen möchtest oder durch welche du vielleicht auch gar nicht gehen möchtest. Die Türen, die du schließen möchtest, kann du beispielsweise rot anmalen.

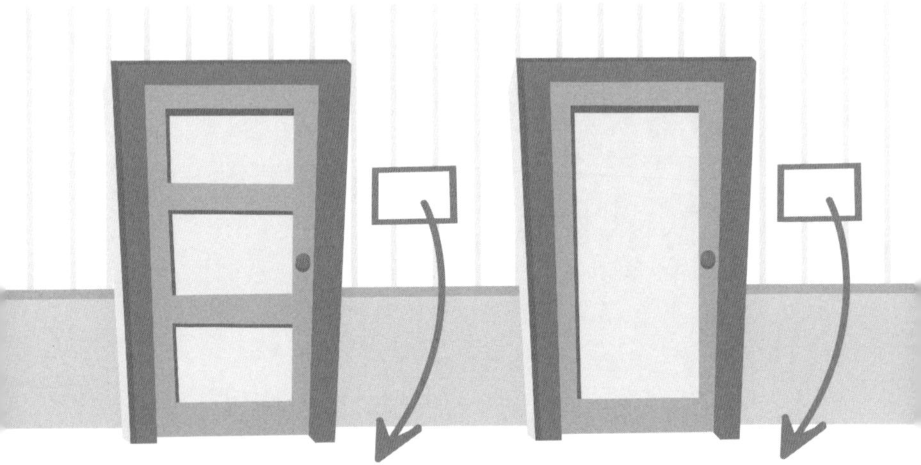

Manche haben Angst, die Tür könnte die falsche sein. Die Angst sollte zur Einladung werden, darauf zu vertrauen, dass mir meine Überlegungen zeigen, welche meine Tür ist, durch die ich gehen soll. Dorthin, wo ich mehr Frieden spüre, soll ich die Entscheidung hinlenken. Und ich darf darauf vertrauen: Ganz gleich, welche Tür ich durchschreite, ich muss sie durchschreiten, um weiterzukommen. Die äußeren Wege können das Gelingen unterstützen. Aber letztlich kommt es darauf an, dass ich mich für das Leben entscheide.

Schau dir noch einmal deine Türen auf Seite 50 an. Bei welcher spürst du am meisten Lebendigkeit? Hinter welcher vermutest du am meisten Frieden für dich und dein Leben? Vielleicht hilft dir das noch einmal, deine Wahl einzugrenzen und deine Entscheidung zu treffen.

Eine Abiturientin erzählte mir, sie wüsste nicht, was sie studieren soll. Sie hat in allen Fächern sehr gute Noten erzielt. Am liebsten hätte sie alle Fächer belegt. Aber man kann nicht alles studieren. Man muss sich für einen Weg entscheiden.
Ihr Problem war aber nicht nur die Angst, sie könnte die falsche Entscheidung treffen. Damit verbunden war auch die Angst vor der eigenen Schuld. Sie meinte, sie wäre dann schuld, wenn ihr Leben nicht gelingt. Wenn sie die falsche Entscheidung träfe, würde sie sich das nie verzeihen können. Tendenziell meinen wir, dass wir ein Leben lang mit einer »weißen Weste« herumlaufen können. Wir wollen absolut schuldlos bleiben. Doch dieses Bild entspricht nicht unserer Wirklichkeit. Ob wir wollen oder nicht – wir werden in unserem Leben immer auch schuldig werden.

Im Bild des Gleichnisses vom klugen Verwalter (vgl. *Lukas 16,1–8*) gesprochen heißt das: Ob wir wollen oder nicht – wir werden immer etwas von dem Vermögen verschleudern, das Gott uns anvertraut hat. Aber in jeder Situation meines Lebens muss ich mich dann so klug entscheiden, wie es der Verwalter im Gleichnis tut. Nur wenn ich mich damit aussöhne, dass ich schuldig werden kann oder dass Schuldgefühle in mir auftauchen können, kann ich mich entscheiden.

Vielleicht geht es bei der Entscheidung, die dir schwerfällt, nicht um Studienfächer, aber du kennst das Gefühl, sich mit oder wegen der Entscheidung schuldig zu fühlen:

Du merkst, dass die Beziehung mit deinem Partner, deiner Partnerin so nicht mehr funktioniert, kannst dich aber nicht entscheiden, sie zu beenden, weil du dich dann am anderen schuldig fühlst.

Du hast ein tolles Jobangebot bekommen, allerdings in einer Stadt, die hunderte Kilometer weit weg liegt. Wenn du das Angebot annimmst, fühlst du dich vielleicht schuldig an deinen Eltern, um die du dich nicht mehr so kümmern kannst, oder an anderen Menschen, die deine Hilfe brauchen und die du dann zurücklässt.

Du hast einen Job, der dich nicht so wirklich ausfüllt, den dir aber ein Freund in einer großen Notzeit besorgt hat. Jetzt könntest du eine Stelle haben, die dich wirklich fordert und fördert, und du hast das Gefühl, das wäre gegenüber deinem Freund undankbar und unverzeihlich.

Du könntest nach der Elternpause wieder an deiner alten Stelle einsteigen, allerdings würde das auch bedeuten, dein Kind in die Kita bringen zu müssen. Du fühlst dich schuldig, weil deine Arbeit dir so viel bedeutet und weil du das Gefühl hast, dein Kind einfach »abzugeben«.

Schreibe auch für die Entscheidung, die bei dir ansteht, deine verschiedenen Möglichkeiten auf die Türen. Und versuche einmal nachzuspüren, hinter welcher für dich die größte Lebendigkeit, die größte Freiheit zu finden wäre, ganz unabhängig davon, ob du dich jetzt dafür entscheidest oder nicht.

Jetzt kannst du zusätzlich bei einer so wichtigen und schwierigen Entscheidung die gute alte Methode nutzen, dir zwei Listen zu machen: eine mit Argumenten, die für die Entscheidung sprechen, und eine mit Argumenten, die dagegensprechen.

Du kannst diese Listen zusammen mit deinen Entscheidungen tatsächlich einmal an verschiedene Türen in deiner Wohnung hängen und sie einfach eine Weile dort wirken lassen. Schau immer mal wieder drauf, wenn du daran vorbeikommst. Vielleicht reift irgendwann in dir dann das Gefühl, dass du dich jetzt entscheiden kannst.

Eines solltest du dabei nicht vergessen: Du kannst auch an dir selbst schuldig werden, wenn du andere immer an erste Stelle stellst oder deine Bedürfnisse und Wünsche hinter denen anderer zurückstellst. Du musst immer wieder Kompromisse eingehen, was das angeht. Aber du musst dich und deine Wünsche auch nicht immer an die letzte Stelle deiner Liste setzen.

Eine andere Idee: Nimm dir Zeit, such dir einen ruhigen Ort und schreibe einmal auf, wie ein Tag in deinem Leben aussehen würde, wenn du dich für die eine oder andere Möglichkeit entscheidest – vom Aufstehen bis zum Schlafengehen. Such dir einen ganz normalen Tag heraus oder überlege dir, wie dann dein Urlaub oder die Feiertage verlaufen würden. So bekommst du einen Überblick, wo die Unterschiede bei den verschiedenen Möglichkeiten lägen, und auch, wie es sich für dich anfühlen würde, ein solches Leben zu führen.

Hier ist Platz für deine »Lebensgeschichten«.

Viele, die sich nach langen Überlegungen endlich für einen Weg entschieden haben, trauern den anderen Möglichkeiten nach, die sie durch ihre Entscheidung ausgeschlossen haben. Sie überlegen immer wieder, ob es nicht doch besser gewesen wäre, sich anders zu entscheiden. So lähmen sie sich selbst und rauben sich all jene Kraft, die sie brauchen, um auf dem Weg, für den sie sich entschieden haben, mit Energie weiterzugehen. Wer sich für einen Weg entscheidet, entscheidet sich immer auch gegen andere. Und diese anderen Wege, die er ausgeschlossen hat, muss er betrauern. Betrauern ist dabei etwas anderes als nachtrauern. Im Nachtrauern hänge ich ständig an den Möglichkeiten, die ich verpasst habe. Ich komme nicht weiter. Im Betrauern gehe ich durch den Schmerz hindurch, den ich empfinde, wenn ich an die verpassten Möglichkeiten denke. Indem ich durch den Schmerz gehe, komme ich mit dem Grund meiner Seele in Berührung und entdecke dort das Potenzial an Fähigkeiten, die Gott mir geschenkt hat.

Wenn du auf Seite 62 einen Tag aus dem Leben, das du auch hättest führen können, aufgeschrieben hast, dann schreibe sie noch einmal auf ein Extrablatt oder mach dir eine Kopie davon. Nimm nur die Möglichkeiten, für die du dich nicht entschieden hast. Du kannst die Blätter in einer Feuerschale verbrennen und die Asche mit Erde mischen, in einen Topf oder ein Beet geben und Blumen- oder Kräutersamen darauf streuen. So wächst aus den Möglichkeiten, für die du dich nicht entschieden hast, doch noch etwas Neues oder bereichert dir sogar deinen Speisezettel und du kannst es ganz bewusst genießen.

Du kannst die Möglichkeiten, die du nicht gewählt hast, mit einem Stichwort auf Steine schreiben und diese dann mit viel Schwung in einen Bach oder See werfen.

Etwas zu betrauern und dann loszulassen ist für viele Menschen einfacher, wenn sie es nicht nur durchdenken, sondern auch etwas tun können, um es sinnlich zu spüren, zu »be-greifen«. Hier einige Ideen dazu:

Du kannst aus den Pro- und Contra-Listen Kraniche falten und verschenken oder die Kraniche als Mobile gestalten und ans Fenster oder über deinen Schreibtisch hängen.

Du kannst dir zur Feier deiner Entscheidung selbst eine Kleinigkeit schenken und sie in die Pro- und Contra-Listen einpacken, die du jetzt nicht mehr brauchst. Dann nimm dir einen besonderen Moment Zeit, um das Geschenk auszupacken, und wirf die Listen anschließend bewusst in die Papiertonne.

Die Angst, die uns daran hindert, uns zu entscheiden, hängt immer mit bestimmten Bildern und Vorstellungen zusammen, die wir von uns und unserem Leben haben. Weil wir an unseren bisherigen Bildern festhalten, trauen wir uns nicht, uns zu entscheiden. Denn die Entscheidungen stellen das eigene Selbstbild und das Bild von meinem Leben in Frage. Und diese Infragestellung der eigenen Bilder macht Angst. Sie lähmt mich. Entscheiden kann sich nur derjenige, der bereit ist, seine Bilder von sich und vom Leben immer wieder loszulassen und sich auf das Neue einzulassen, das durch eine Entscheidung in sein Leben kommt.

Wenn du dich selbst einmal von außen betrachtest: Was hast du für ein Bild von dir? Wer bist du, wie siehst du dich? Wenn du magst, kannst du hier ein paar Stichworte dazu eintragen.

Du kannst die Seite auch kopieren, den Umriss ausschneiden und ihn Menschen deines Vertrauens geben. Frag sie, ob sie dich darauf kurz mit Worten beschreiben können.

Vielleicht kannst du das auch überprüfen, indem du wieder einen guten Freund oder eine gute Freundin bittest, den Umriss für dich auszufüllen.

Klaffen die beiden Versionen auseinander? Ändert sich tatsächlich etwas in deinem Selbst- und Fremdbild durch deine Entscheidung?

Hier ist Platz für deine Notizen:

Wenn ja: Was denkst du, woran das liegt? Und wäre es für dich schwer auszuhalten, wenn es dein Bild von dir verändert? Was an diesem neuen Bild würdest du nicht mögen/nicht wollen? Hier ist Platz für deine Notizen:

Manche haben vor, eine Entscheidung zu treffen, aber sie wollen sich in jeder Hinsicht absichern. Eine solche Situation hat Lukas vor Augen, wenn er von einem Mann berichtet, der Jesus nachfolgen will. Doch er sagt: »Ich will dir nachfolgen, Herr. Zuvor aber lass mich von meiner Familie Abschied nehmen« (*Lukas 9,61*). Zu diesem Menschen sagt Jesus sehr radikal: »Keiner, der die Hand an den Pflug gelegt hat und nochmals zurückblickt, taugt für das Reich Gottes« (*Lukas 9,62*). Jesus fordert uns mit diesem Satz auf, dem eigenen Gefühl zu trauen. Wenn wir in uns die Richtigkeit einer Entscheidung spüren, dann sollen wir sie treffen, ohne uns überall abzusichern.

Der Schweizer Psychologe Carl Gustav Jung spricht von diesem Mut, sein Leben selbst in die Hand zu nehmen und sich auf diese Weise angreifbar zu machen: »Niemand macht Geschichte, der nicht wagt, seine Haut zu Markte zu tragen, indem er das Experiment, das eben sein Leben selber ist, bis zum Ende durchführt.« Wer sich entscheidet, trägt seine Haut zu Markte. Denn er zeigt sich mit der Entscheidung den Menschen. Er traut sich heraus aus seinem Schneckenhaus und zeigt sich selbst den Menschen.

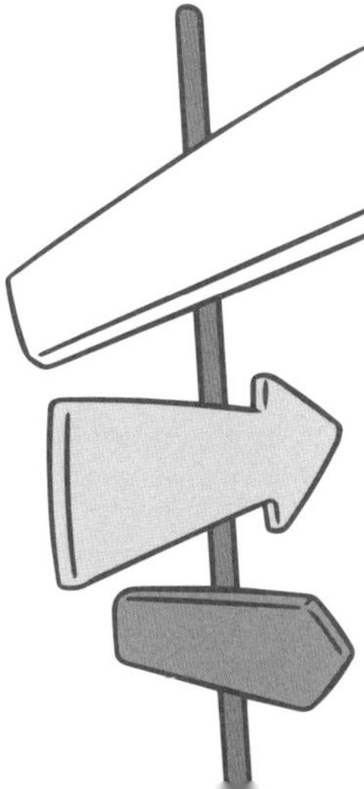

ENTSCHEIDUNGS-HILFEN

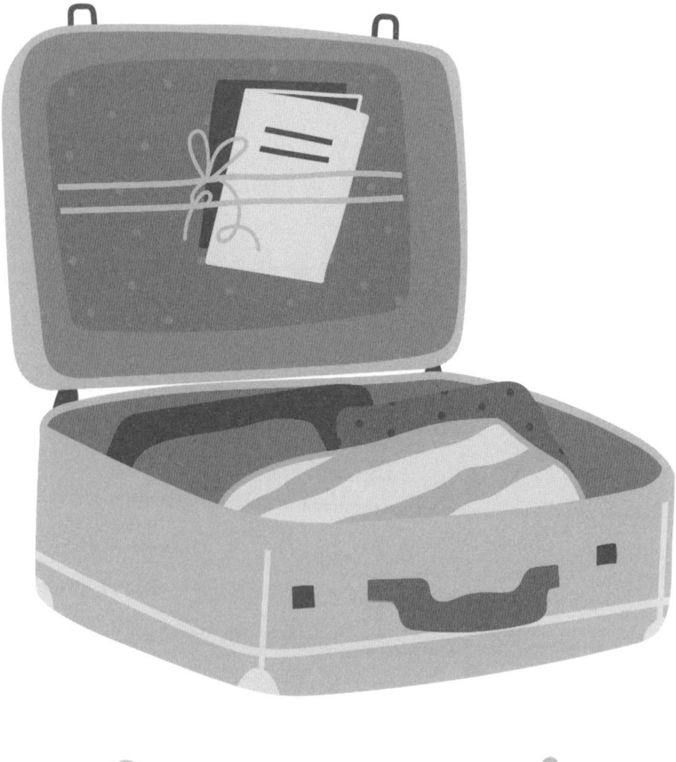

Bei großen Entscheidungen, die dein zukünftiges Leben betreffen – etwa die Entscheidung für eine Partnerschaft, die Entscheidung für einen Beruf oder Berufswechsel, die Entscheidung für einen Ortswechsel, die Entscheidung für einen ehelosen Weg –, gibt es konkrete Hilfen. Dazu musst du dich auf deine Fantasie einlassen.

Stell dir deine Zukunft vor: In zehn Jahren lebe ich mit dieser Partnerin, diesem Partner oder ohne sie/ihn. Welche Gefühle steigen in dir hoch, wenn du dir vorstellst, mit ihr oder ihm zusammen zu sein? Was spürst du, wenn du dir die Zukunft ohne sie oder ihn vorstellst?

Hier ist Platz, um deine Gedanken aufzuschreiben.

Ich stelle mir vor: In fünf Jahren bin ich noch in diesem Beruf. Wie geht es mir dann? Oder ich bin an der neuen Stelle, die mir gerade angeboten wird. Welche Gefühle stellen sich dann in mir ein?

Vergleiche jetzt die Gefühle bei den jeweiligen Alternativen. Überlege, wo mehr Friede, Lebendigkeit, Freiheit ist und wo mehr Liebe fließt. Hier liegt auch die Einladung, dich dafür zu entscheiden. Wenn bei einer Alternative die Angst und die Befürchtungen überwiegen, ist das ein Zeichen, dass dies nicht dein Weg ist oder du noch einmal tiefer darüber nachdenken solltest, woher diese Ängste und Befürchtungen kommen.

Eine zweite Hilfe: Ich gehe zwei Tage mit der festen Vorstellung in den Tag, ich habe mich für eine Sache entschieden – ins Kloster zu gehen oder in meinem Beruf und an dieser Stelle zu bleiben. Ich stehe auf mit dem Gedanken, mich dafür entschieden zu haben.

Beim Frühstück gehe ich mit diesem Gedanken schwanger. Wenn ich spazierengehe, ist es klar, dass ich mich so entschieden habe. Bei den Gesprächen mit anderen habe ich immer diese Entscheidung im Hinterkopf. Dann schreibe ich die Gefühle auf, die ich in diesen beiden Tagen hatte.

Hier ist Platz, um deine Gedanken aufzuschreiben.

Anschließend gehe ich zwei Tage mit der Idee durch meinen Alltag, dass ich mich für die andere Alternative entschieden habe. Ich stehe auf mit dem Gedanken: Ich habe mich gegen das Kloster oder gegen diese Arbeitsstelle entschieden.

Beim Frühstück, bei der Arbeit, in der Freizeit, überall hin begleitet mich der Gedanke, diese Alternative zu leben. Dann schreibe ich nach zwei Tagen wieder die Gefühle auf, die ich dabei hatte.

Hier ist Platz, um deine Gedanken aufzuschreiben.

Dann vergleiche ich die Gefühle, die ich jeweils an den beiden Tagen hatte. Dorthin, wo die Gefühle von Frieden, Freiheit, Lebendigkeit und Liebe überwiegen, will sich meine Seele entscheiden. Manchmal schafft diese Übung noch keine Klarheit. Dann ist es wichtig, zu warten.

Manchmal ist es wichtig, sich Fristen zu setzen, innerhalb derer wir uns entscheiden sollen. Aber trotzdem können wir nicht jede Entscheidung »aus dem Ärmel schütteln«. Und wenn wir uns dann zu sehr unter Druck setzen, hilft es uns nicht weiter. Wir brauchen dann Geduld.

Tag (Dauer)	Wozu habe ich mich entschieden?	Stimmt diese Entscheidung jetzt für mich?	Endgültig entscheiden bis zum:

Ich habe erlebt, dass diese Übung ein Anstoß war, einen Entscheidungsprozess in Gang zu setzen. Mit der Zeit kristallisierte sich eine Entscheidung heraus. Wichtig ist, dass irgendwann Klarheit herrscht. Es braucht hier beides: die Geduld, dass eine Entscheidung heranreift, und den Mut, diese Entscheidung zu treffen. Irgendwann muss ich springen. Allerdings kann ich gerade grundsätzliche Entscheidungen über mein Leben nicht durch eine zeitliche Frist erzwingen. Auf der einen Seite soll ich mich herausfordern, auf der anderen Seite mir auch Zeit lassen, damit ich dann zum Sprung ansetze, wenn dieser Sprung mich wirklich weiterbringt.

Eine weitere Hilfe und Übung besteht darin, den Träumen oder inneren Bildern zu trauen. Carl Gustav Jung sagt: Man soll dem Traum die Entscheidung nicht überlassen. Man soll den Traum nur in die Entscheidung mit einbeziehen. Er ist eine wichtige Stimme, die gehört werden will. Aber die Entscheidung ist dann eine klare Sache des Willens, der den Verstand, das Gefühl und die inneren Bilder der Träume berücksichtigt. Doch manche Menschen haben nach einem Traum die innere Gewissheit, dass sie sich so entscheiden müssen. Es ist weniger eine Deutung des Traumes, die sie zur Entscheidung drängt, sondern das Gefühl, das sie beim Aufwachen haben.

Kannst du dich an deine Träume erinnern, wenn du morgens aufwachst? Hast du schon mal das Gefühl gehabt, dass ein Traum dir etwas aus deinem Unterbewussten vor Augen führen will, das du sonst nicht gesehen hättest? Gibt es einen Traum, der dir im Gedächtnis geblieben ist? Dann schreibe ihn hier auf und überlege einmal, ob er dir in der damaligen Lebenssituation etwas mit auf den Weg gegeben hat.

Wenn du gerade vor einer wichtigen Entscheidung stehst, achte in den nächsten Wochen einmal auf deine Träume. Leg dir dieses Buch und einen Stift ans Bett, sodass du gleich notieren kannst, was du geträumt hast, wenn du wach wirst, denn oft sind die Erinnerungen daran sehr flüchtig.
Selbst wenn es dir zunächst vielleicht nur wirr oder unsinnig erscheint, was du geträumt hast, schreib es einmal auf und lass es ein bisschen wirken.

Lies das, was du an Träumen notiert hast, nach ein paar Tagen oder Wochen noch einmal. Vielleicht schaust du im Internet einmal unter dem Stichwort »Traumsymbole« nach. Dann lass dir Zeit und überlege, ob in all dem eventuell eine Botschaft an dich verborgen sein könnte.

Es müssen nicht immer Nachtträume sein, die uns bei der Entscheidung helfen. Es können auch innere Bilder sein, die in uns aufsteigen. Sie zeigen uns auf einer tieferen Ebene, wie wir uns entscheiden sollen. Allerdings ist es wichtig, auch diese Bilder bewusst zu betrachten und auf dem Hintergrund der Bilder die Entscheidung zu treffen. Wir dürfen den Bildern nicht die Entscheidung überlassen. Aber wir sollen auf jeden Fall nicht nur mit dem Verstand an die Entscheidung herangehen, sondern immer auch mit dem Herzen, das uns oft Bilder bereitstellt, die uns einen Weg weisen.

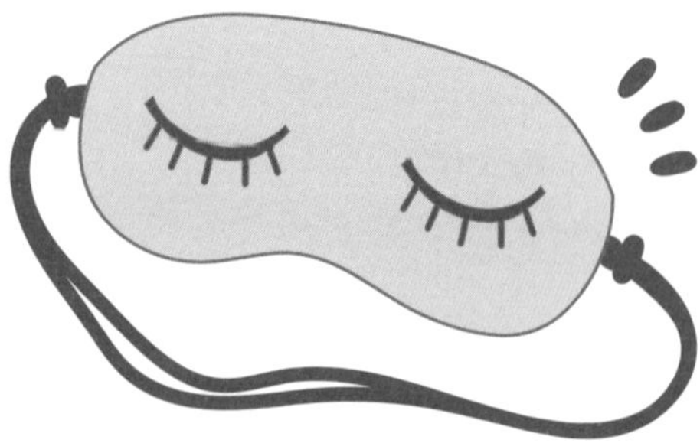

Vielleicht kommen dir, wenn du die Augen schließt, tatsächlich Bilder in den Kopf, die wie eine Art Vision von der Zukunft vor deinem geistigen Auge erscheinen. Wenn du dem etwas nachhelfen möchtest, nimm dir einmal eine Stunde Zeit zum Tagträumen: Leg dich in eine Wiese oder auf dein Bett oder an sonst einen Ort, an dem du dich wohlfühlst, und lass die Gedanken frei. Träume mit offenen Augen von dem, was du dir wünschst, oder achte einfach darauf, was sich dir jetzt an Bildern zeigt. Wenn du magst, schreib sie hier auf.

RITUALE – DIE ENTSCHEIDUNG BEWUSST GESTALTEN

Rituale strukturieren das Leben. Wenn ich mein festes Morgenritual habe, dann brauche ich mich nicht jedes Mal neu zu entscheiden, wann ich aufstehe und wie ich den Tag beginne. Rituale entlasten uns von dem Druck, uns jeden Augenblick für oder gegen etwas entscheiden zu müssen. Aber Rituale können auch leer werden. Dann führen sie dahin, dass wir immer im gleichen Trott leben, ohne die nötigen Entscheidungen zu treffen, die das Leben von uns fordert. Rituale sollen uns einen Freiraum schaffen, damit wir den Entscheidungen unseres Lebens nicht ausweichen, sondern sie in innerer Freiheit treffen. Rituale wollen uns einladen, unser Leben selbst zu gestalten und ihm eine klare Form zu geben. Sie geben eine Struktur vor, die mir guttut.

Rituale eröffnen uns einen Raum für die wesentlichen Entscheidungen, um die wir nicht herumkommen. Sie entlasten uns von vielen Entscheidungen über äußere Dinge – wie die Tagesordnung –, um uns Kraft zu schenken für das Wichtige in unserem Leben. Aber indem ich Rituale praktiziere, habe ich mich auch entschieden, dass ich selbst lebe, anstatt gelebt zu werden, dass ich mein Leben selbst gestalte, anstatt es mir von anderen vorschreiben zu lassen.

Gibt es in deinem Leben feste Rituale, bei denen du merkst, dass sie dir die täglichen Entscheidungen erleichtern oder abnehmen? Das können schon Kleinigkeiten sein: eine feste Zeit zum Aufstehen, das immer gleiche Frühstück, Pausenzeiten ...

Gibt es Rituale, für die du dich ganz bewusst entschieden hast? Und wenn ja: Warum hast du das getan und wie hilft dir das in deinem Leben?

Rituale entlasten uns nicht nur von vielen täglich zu treffenden Entscheidungen. Manchmal können sie auch eine Hilfe sein, Entscheidungen zu treffen. Wir setzen uns manchmal Fristen für eine Entscheidung. Wir sagen: »Ich muss erst einmal darüber schlafen.« Das ist ein Ritual.

Oft sind es kleine Augenblicke, die wir zwischen die Anfrage und die Entscheidung setzen. Doch das geht nicht immer. Dann kann es zumindest eine Hilfe sein, kurz innezuhalten und auf das Herz oder den Bauch zu hören.

Jeder hat seine Rituale. Sie helfen, dass die Entscheidung nicht nur rein rational gefällt wird, sondern dass in der Tiefe der Seele ein Vertrauen wächst, die richtige Entscheidung zu treffen.

Kennst du selbst solche Rituale? Dann hast du wahrscheinlich gute Erfahrungen damit gemacht. Wenn nicht, hier ein paar Ideen, was du einmal ausprobieren könntest:

Einen Spaziergang machen. Frische Luft und Bewegung helfen ungemein beim Denken. Außerdem bekommt man Abstand von den eigenen Gefühlen und kann auch wieder sachlich denken.

Eine Nacht darüber schlafen. Manchmal kann es in vielerlei Hinsicht helfen, eine Anfrage, eine Anschuldigung, ein Angebot nicht sofort zu beantworten, sondern erst einmal die Sonne darüber unter- und wieder aufgehen zu lassen. Auch dabei klären und kühlen sich die Gedanken und die Gefühle.

Bei Lebensentscheidungen können auch längere Wandertouren über einige Tage oder Wochen oder der Rückzug in ein Kloster oder ein Haus der Stille helfen, eine innere Sicherheit zu finden.

Sich Zeit nehmen. Ob ich mich hinsetze und eine Kerze anzünde oder Musik höre, den Himmel betrachte oder sogar die Augen schließe – sich auf sich selbst zu fokussieren hilft, Entscheidungen aus dem Innersten heraus zu treffen und damit nicht nur den Kopf, sondern auch das Herz zu befragen.

Während der Arbeit spüre ich, dass ich manchmal im Äußeren aufgehe: im Organisieren, in den Besprechungen, im Beantworten der vielen Mails. Die Rituale holen mich vom Äußeren immer wieder zurück und bringen mich in Berührung mit mir selbst, mit meiner Mitte. Und wenn ich bei mir bin, dann spüre ich auch, dass ich mich aus meiner Personmitte heraus entscheide.

Wir kennen auch Rituale, die eine Entscheidung nach außen hin dokumentieren. Die Trauung zum Beispiel. Da wird in äußeren Ritualen die innere Entscheidung für den Partner/die Partnerin ausgedrückt und vor den anwesenden Zeugen und Gästen dokumentiert. Ähnliches gilt auch für andere Rituale, die eine Wahl oder eine Entscheidung öffentlich machen, so etwa die Priesterweihe oder Abtsweihe oder auch die Installation eines Bürgermeisters oder eines Ministers. Offensichtlich geben Rituale dem Menschen die nötige Energie, um die Entscheidung, die er für sein Leben getroffen hat, auch durchzutragen. Und sie geben dem Betroffenen gegenüber den Menschen, vor denen das Ritual vollzogen wird, das Gefühl der Verantwortung, aber auch der Klarheit und Sicherheit: Jetzt habe ich mich für diese Rolle, für diese Aufgabe entschieden. Jetzt übernehme ich auch die Verantwortung dafür.

Welche Art von Entscheidung bei dir auch immer angestanden hat: Wenn du dich entschieden hast, kannst du dir ein ganz eigenes kleineres oder größeres Ritual überlegen, das diese Veränderung für dich und vielleicht auch für andere sichtbar macht.

Das muss keine große Zeremonie sein, sondern kann auch eine Einladung zum Essen sein, bei der du deine Entscheidung laut aussprichst und darauf mit deinen Gästen anstößt.

Wenn eine neue Lebensphase ansteht, könntest du dich auch an einen Bach oder kleinen Fluss stellen und ganz bewusst durch das Wasser auf die andere Seite gehen und dort das »neue Ufer« mit einem Picknick feiern. Oder du steigst auf einen Berg, genießt sozusagen die neue Lebensperspektive von oben und nimmst dir zudem die Zeit für dich allein, die einzelnen Schritte auf dem Weg, die Höhen und Tiefen bis zu deiner Entscheidung noch einmal bewusst nachzuvollziehen.

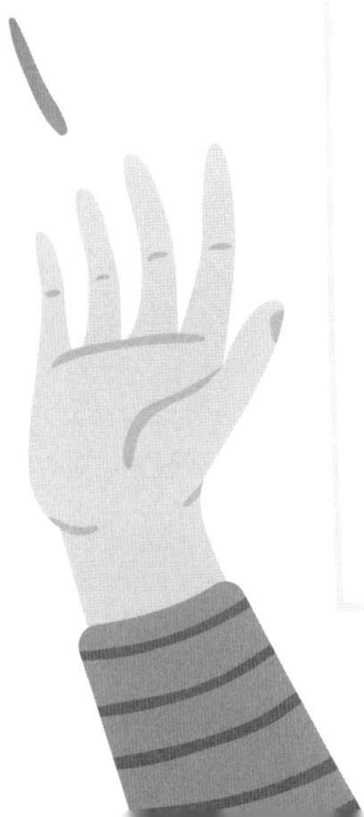

Aber vielleicht hast du auch ganz andere Ideen, die für dich noch viel besser passen. Hier ist Platz dafür.

Bibliografische Information der Deutschen Nationalbibliothek

Die Deutsche Nationalbibliothek verzeichnet diese Publikation in der Deutschen Nationalbibliografie. Detaillierte bibliografische Daten sind im Internet über http://dnb.d-nb.de abrufbar.

1. Auflage 2020

Lektorat: Marlene Fritsch
Gestaltung: wunderlichundweigand
Covermotiv: © shutterstock.com
Motive im Innenteil: © shutterstock.com
Druck und Bindung: Graspo CZ a.s., Zlín
ISBN 978-3-7365-0322-9

www.vier-tuerme-verlag.de

Anselm Grün

Achtsam sprechen, kraftvoll schweigen

Wie gute Kommunikation gelingt

ISBN 978-3-7365-0273-4

Anselm Grün

Die hohe Kunst des Älterwerdens

Die Herausforderungen des Älterwerdens annehmen und weiterwachsen

ISBN 978-3-7365-0293-2

Anselm Grün

Was will ich?

Mut zur Entscheidung

ISBN 978-3-7365-0322-9